Hourvari dans la lette

CAROLINE SAGOT DUVAUROUX

Hourvari dans la lette

Publié avec le concours du Centre National du Livre

JOSÉ CORTI

Le programme des parutions et le catalogue général
sont envoyés sur simple demande adressée à
LIBRAIRIE JOSÉ CORTI, 11 RUE DE MÉDICIS, 75006 PARIS
www.jose-corti.fr

1

la jeune fille danse
et c'est lever de jour
avec tout et parties
et c'est constellation
car elle se lève avec
tous les mots sidérés
qui s'accrochaient aux langues
par ourdir et tisser
le silence qu'elle rompt
troisième fée incandescente
qui rompt d'incandescence
l'estrope du mot dû
et les articulations

vient défaillir alors
où ne sait plus qu'attente
la jeune fille creuse
de celui qui viendra
l'appellera lui dira quoi

elle dit quoi j'avais trouvé quoi déjà que j'ai perdu depuis

elle lève les jambes
pour faut tout réparer
l'à genoux surtout
dans l'encorbellement
où poser fenêtre
au bât des corbeaux
le dos est tout rond
pour les culbutos
d'enfant dans le dos
qu'est toute la vie
elle a quatre bras

et tellement de doigts
le cerveau mouillé
lave cheveux lisse
attacher lier peut-être arracher
pour que pas trop de nids
tout de même ni d'oiseaux
et bien boucher les trous
des yeux avec les yeux
surtout fermer la bouche
et cousue
qu'il ne voit pas le chaos
les gorgones

s'il vient

et que ne tombent pas
les tout petits oiseaux
de ne savoir s'appuyer d'elle
ni d'ailes

en attendant le jour

où les muscles ensemble ce jour
pivoteront vers qui
ne se trouve pas qui
ne se fait qu'attendre

elle dit me va bien particulièrement bien le bras droit

puis elle est en marche

son dos nous sait là et tient à distance
ça fait très longtemps
sûrement qu'elle marche
puisqu'ont poussé les cheveux excessivement ah

le bon ferment que la dure-mère
faudrait s'en servir
faudrait tricoter paupières d'oreilles
pour n'entendre pas le pas de nouvelle
sûrement qu'elle marche
sans doute elle dit oui
c'est marcher chez elle
dans le dedans d'elle
mais sans le dedans ni les souterrains
juste des canaux où le sang barbote
et nourrit le diable entré par l'orteil
évidée qu'elle est autour des rivières
affleurement d'être
que sidère retient
aux fleurs des noyades
et
les lèvres closes tant pis pour les bulles

pas perdre le nom qu'elle a égaré

le dos qui s'éloigne c'est peut-être nous que l'effroi recule

sûrement qu'elle marche
sûr un dos s'éloigne et des bras autour
qui sont accrochés s'ils ne tombent pas
on n'ose pas dire à côté d'un dos
un peu incurvés comme ailes sans plumes
s'éloignent deux bras
dans du continu du très continu
dans de l'intervalle

comme tapis roule

elle est attentive

tout le corps récite
formule magique ou l'apprendre à lire
lever le genoux et tendre le pied puis poser
talon et pointe de pied
elle est attentive
elle consent tribut au debout des hommes
les deux jambes vont avec leurs jointures
et c'est comme il faut
rien d'autre ne bouge elle semble ignorer
les autres morceaux qui s'en vont aussi

l'abrupt soudain ne changera rien
ni l'allure ni l'angle

l'absence a figure on ne peut y croire

la constellation du sens effondré
simule l'entier du corps démembré

a-t-elle un visage ?

serait rêverie jusqu'à l'idiotisme si
mais n'a pas visage
alors que fait-il le corps scrupuleux ?
suit-il un visage
qu'érection d'absence d'un dos là devant
envoûte et sépare du corps qu'on voit ?

serait-ce un poème aux verses des verses ?

petite Eurydice ça fait si longtemps qu'il
s'est retourné et tu continues de traîner
la nuit constellée d'oubli
où rien ne t'attend

que le nom d'Orphée et tes bras levés

n'a pas de visage puisque le visage nommait
un visage qu'elle a perdu
mais quoi donc sidère à bord de surface
tous ces bouts de corps que le loin fascine
quoi
fait le stratège sans face et sans nom ?

elle avance à moins
que le sol fuyant ne fasse retrait
d'avancer pourtant

on la sent tout près comme une jouissance

elle consentirait à s'en retourner mais
c'est compliqué un convoi de bras
de mains et de doigts avec ongles et pieds
et jambes et ongles aussi aux orteils
attention

sans l'arroi du visage

imagine

qu'un mollet la moitié d'un bras
une fessse ou simplement l'ombre
se rebelle quand
tout ferait face

                NON

se faire remarquer laisser croire au pacte
avec les kobolds et l'herbe noire

non

d'ailleurs d'où sait-elle qu'il ne faut pas
se retourner ?

ah si ça vaut le coup une fleur une abeille
quelque chose d'entier un amoureux
elle risquera la tête comme les poules font
juste la tête

mais c'est si rare ici c'est si ras

sur quoi marche-t-elle ? on voudrait savoir
ça monte et descend il y a du vertige
mais rien ne défait la lenteur d'aller ni
la rectitude
pas de paysage
dedans ni dehors
tout a glissé hors
du dedans dehors
tout est trop humide
une peau la sienne exsude une humeur
que le ciel délivre et c'est défaillance
des matières et lois

dans ruissellement

on voit c'est soudain la ligne une ligne
s'écarter d'elle-même et c'est impossible
fente palpébrale s'ouvrant à ses pieds

voit-on son propre œil s'écarter pour lire ?

car ça n'est pas voir et c'est à tâtons dans
des repliements et c'est paysage et funambuler

c'est lire oui non c'est être lu

on est bien trop près des courbes du cœur
et du sang qui bat aux jambes au grand œil
on est sous caresse et torsion des pieds
dans l'enroulement sur hampe et rappel
d'orteils aux torons des boucles

oui c'est lire non c'est être lu

ou bien dériver

puis se précipite le loin sur l'étal
où saignent les pieds
avec le temps plat et le grand soleil

elle dit qu'il vienne avec les loups PARTOUT me fait face

elle s'est arrêtée sans l'essoufflement
sans presque penser juste un doigt levé
pour chercher le vent c'est fini le vent
mais on reconnaît la blanche finale
suspendue par silence à toutes les chutes
on lit mais c'est souvenir car fut dénoué
l'ordinaire du temps oui
c'est reconnaître

Ariane ma sœur de quel amour blessée
vous mourûtes au bord où vous fûtes laissée

elle dit je cherche quelque chose
mais ne sais pourquoi ni quoi
elle rit très vite et dit je ne sais
si je cherche quelque chose alors
je ne sais pas quoi ni pourquoi

elle dit danser

une échelle regarde elle monte en courant
d'où sait-elle qu'il faut courir
en montant les échelles ?
ses mains loin derrière refoulent la nuit

je crois qu'elle danse

un ordre époustoufle et recoud les membres
à l'air à l'envol fraie sa tête au ciel

sa robe est rouge tiens l'avait-elle ?

en haut de l'échelle un grand champ très vert
redescend jusqu'où ne saurons jamais
mais la jeune fille dévale le champ
dans les galipettes et les pleines gorges

elle est très loin

on la reconnaît dans tout ce vert
à cause du rouge de la jupe et
d'une horreur qu'on a
qu'au très bas du pré
tous les membres
ne se détachent et ne s'entassent
en un petit fagot

amour Ariane au
blessée bord
de
fûtes
laissée
ma mourûtes
où
quel
sœur
vous vous

on ne connaîtra pas le bas du pré
on est si loin

le rouge

est encore un peu pour toujours peut-être
coquelicot dans un pré vert

2

Elle marche scrupuleusement. Elle craint d'omettre un pas. Elle considère le sol. La confusion des traces dans le noué du passé. Le gris la plaine immense. Pas sûr qu'un signe soit perdu qui suffirait pour dire.

Là ou loin.

On est sans le chemin que l'on n'aurait pas pris.
Du gris muet la plaine immense et de tout petits affleurements blancs qui ne reconquièrent pas le brouillé des temps accomplis ne séparent pas le gris du gris.
L'effleurement ici l'à peine troue.
Taraude la distance entre des choses qu'on ne voit pas. Qu'on imagine. À chaque extrémité de la distance qu'on voit.

On ne voit qu'elle.

Il faut bien qu'il y ait des choses puisqu'on est entre. Alors ce gris ! Qu'elle avait pris pour l'enchevêtrement des pas perdus de ceux d'avant ce gris. Tramerait-il les ombres portées de ces choses qu'on ne voit pas ? Pas encore si l'ombre est l'ange de la chose.

Ou plus.

D'anciennes jeunes montagnes auront disparu par exemple. Ne resterait que l'ombre.

Détachée.

Ne resterait que la distance courbe entre les parois d'une combe par exemple. Et la distance est courbe puisque je la vois ronde du pieu où je suis attachée.
Une combe oui de retraite en retraite se sépara de tout puis de son ombre. Voilà l'immense qu'elle arpente. L'ombre coupée d'une combe reculée jusqu'où voir renonce. Une ombre amputée de la chose.

Un mot.

Et le blanc qui troue l'ombre alors ? Survivrait-il à la défaite d'encore plus vieux massifs ? À la vengeance de l'Afrique ? Blanc éocène. Sable exilé dans les replis de jeunes alpes par exemple.

Futur antérieur de toutes les tragédies. Ombres et anges retranchés.

Une défaite aura survécu à charge de défaire. Mais si pâle que l'insolence des jeunes roches n'y aura pas pris garde.

Blanc survivant.

Écume désormais. Nostalgie des mers des vieux massifs.

Détails ! Désert.

Drôle d'écume sans les crêtes assoiffés que jeunesse enrage. Blanc d'avant. Blanc de l'avent du mot noir qui scellait l'amour au palais des héros. Qui se contentait de dire un peu.

Si bien sûr. Si la combe si l'ombre. Et sans la cluse.

Alors voici.

À moins que l'affaissement. Le déni. L'insurrection meurt d'être forcément.

Et puis tant pis.

La plaine grise et le blanc qui sourd par endroit dont elle s'éprend. Blanc surgi. Inconsolé. Saudade.

Blanc d'avant avant.
Quand la cluse
avant que l'innocence pèse.
tout au début avec l'estuaire.

La combe ce fut plus tard où la terreur portait visage sans les trous pour les yeux. Avec les trous de l'air.

Comment rejoindre la cluse ?
Là-bas avec l'estuaire
depuis le commencement là-bas.

Comment voir ?

Il faut remonter le cours de l'eau jusqu'au rond qui respire près du rond qui s'efface devant ce qui n'est pas encore.

Il faut.

Et que le dos affronte et ne pas se laisser happer par le gouffre. L'eau jusqu'à la ceinture. Le reste jeté dans l'appel. Paralysé presque. Où si on bouge on tombe.

Et que voir ?

On écoute avec ses yeux battre son propre sang en guise du sang des autres et la bouche lentement – que peut-on faire ? – secrète le fil qui ne doit pas rejoindre l'eau.

Pas tout de suite.

Alors on le replie replie infiniment pendant que s'énumèrent les matériaux qui auraient fait le livre le beau livre.
Mais tout ce temps déjà pour sécréter le fil et puis pour le ranger en des piles trop hautes et pour défaire les piles. Et puis pour les refaire et que tout tienne dans l'armoire.

Qu'on ne se trompe pas qu'on ne se perde pas entre les chemises et les gants de crin. Qu'on considère le grain de sable sans mépriser la lavande de mépriser la douleur. Que ça ne tombe pas les poids mal évalués le rapport des surfaces.
Et qu'un ordre se fasse.
Pendant que s'énumèrent les choses.

Mon dieu le jour se perd.

Surtout ne pas se tromper entre le vivant et le mort et tous les sentiments. Ne pas ranger la fatigue avec le lavement. Mais avec l'ordre peut-être. Pourtant.

Comment dites-moi comment ça tiendra debout si les goulots qui sont au cours des temps sont trop petits ?

Ou les nœuds trop serrés.

Si on ne peut pas redresser les masses pour que ça coule encore dans les goulots trop petits.

Dans le serment des nœuds.

Et si on se trompait ? Si on tirait le fil avant que tout soit fait les emmanchures les encolures et les trous des poignets pour y passer des mains. Comment se souvenir des pierres d'attente et des regards croisés ?

Si la seule chose accomplie avec les milliards de secondes d'une vie se déprenait à l'avance du regard de l'autre !

Du rouge là crois-tu ? Pour qu'on voit bien le vert. Le vert choisi de la toile cirée. Pour qu'on y mange un jour peut-être des figues violettes et des miettes blondes. Un jour ce jour où tremblant de fatigue il faudra le tendre le bout du fil l'autre bout du fil à celui qui voudra le prendre et s'en faire un manteau un chapeau.

Rien d'autre ? Non.
Presque.
Écarter les doigts vivre.
Et puis rejoindre l'eau du fleuve boire.
Et puis le sang des autres.

Se souvient de l'esquif et d'embarquer pour l'ombre. C'était en revenant de mer. Elle cherchait un combat ses mains lui faisaient mal.

Elle avance. C'est-à-dire son front est vent debout. Jusqu'au bord de la plaine elle avance. C'est-à-dire jusqu'où deux rails coupent la plaine. L'immense peut-il s'inciser se recoudre ? Elle a connu ça en mer.

Deux rails. La vitesse pour cluse ?
Demain peut-être
ou drain jusqu'à demain déjà.

Jusqu'aux bords de la plaine et les bords de l'immense sont dans l'immense forcément. Il y en a deux ici. Lèvres que suturent des dents.
Encore.

Elle sait bien qu'après la plaine il y a la plaine et que les ecchymoses – car le coup fut reçu – et les mots qu'on y lit ne préserveront qu'un temps de l'émiettement du dedans sur le nu du dehors. Si cependant si ce temps suffisait à comprendre où nous fûmes tranchés.

Elle s'est arrêtée. Elle se retient plutôt. Se retire jusqu'immobile. Jusqu'où le retrait sort les armes. Pleurer. Le gris peut vaincre. Le repli fait saillie. Source. Elle pleure.

Si on parvenait à redresser la longue échelle et que les yeux se lèvent !

Elle aimerait trahir quelque chose. Trahir l'asymptote des combes et des rails. Mentir d'un coup de dent ou deux si les yeux ne se lèvent.
Dire j'ai tué le tyran pour ça je suis seule avec la révolte partout.
Trafiquer le passé comme les traverses ont trafiqué la blessure de la plaine. Horribles gués de l'ombre à l'ombre où se réfugient les maudits les chassés de nos vues dans le grand trou de nos mémoires que surplombent des trains qui ne s'arrêtent pas.

Ceux des guerres d'ailleurs.

Dans l'ombre qu'adouba l'ombre lui frappant effigie portant échelle à bas sous éploiement de l'aigle.

Mais c'est fini dit-on.

Ariane, ma sœur, de quel amour blessée
vous mourûtes aux bords où vous fûtes laissée ?

Elle s'agenouille et ça ne suffit pas tant est mou le dehors à libérer l'espace où la prière eut déjoué la détresse et le poids. Elle s'agenouille et constate le froid. Toutes les verticales sapées. Le fil d'Ariane lie les poignets.

La rectitude des rails. Plaine immense. L'insoutenable de l'acier quand la lumière complote avec le tranchant. Pire. Une mollesse au ciel défait le complot et l'arme.

Aucun train ne vient du loin pour rencontrer l'autrefois. Manque l'amour et c'est définitif.

Accroupie vieille vieille inutile maigre enracinée dans le meuble.

Un soir pourtant toute l'encre des peintures a mis l'hiver à mal. Elle le jure.

Au bout de son bras qui pend un cahier pend. Un rectangle bleu que chaque angle prolonge où compatit géométrie. L'hiver est suspendu. Ah ! on peut vivre hélas c'est traite de la paix.

Plutôt le froid.

La rigueur de l'hiver a découvert le cahier bleu. L'arbre effaré du milieu de la plaine l'abritait des tempêtes et la neige partout promettait une chaleur à la caresse du bois mort. Elle détourna sa route.

A recueilli le cahier qu'elle avait bien caché fait semblant d'oublier avant que de partir en mer.

Mensonge ?

Ou le trop peu de souffle qui ne veut pas voir perdre l'espoir qu'on en avait.

Le bleu dérobé à l'agonie de l'arbre. Le bleu dérobé tue l'arbre. Complice du vent et de la morte saison.
Elle.
Le bleu fit la vie puisqu'arraché défait le vert et la promesse que le séparé fait l'un.

Elle est très immobile. Murée. Comme. Au milieu d'un désert. Puis plus.

Elle s'abat.

Le bras gauche insulte le ciel d'un carré bleu rescapé. Rire et ça blesse l'hiver. L'arbre fleurit le gris d'un noir très noir. Elle oublie. Éperdument.
La foi.
La foi perdue la foi qui fut cela est sûr. Elle oublie le doute maigre et son bras levé. Elle eut aimé le sacrilège où la croix est encore. Éperdue.

Où la terre tremble.

Mais le ciel s'en fout qui depuis désormais cavale dans les lointains sans arçons jusqu'à rencontrer l'océan.
Lasse alors triste infiniment de n'avoir rien compris rien pris rien su de la bourrasque elle se tasse. Et dans le seul effort du poing dressé elle dit qu'elle guette un chant tapi dans le rebond du cri. Elle dit qu'il va lever. Puis elle n'ose plus dire.

Une vague déferle.

Tu entends le plain chant libre. Tu vois toutes les danses. Et l'infini sanglot qui tombe avec ton bras voilà ton chant.

C'est ça c'est tout.

Elle caresse les rails et laisse les phrases en découdre. Œil prisonnier d'un caillou blanc.

Dans l'absorption du mystère le caillou trouve son poids de gloire.

Non !
Poids gloire.
Suffisant.

À l'opéra on nomme gloire le poids qui lève le voile sur l'ouverture du chant.

Un opéra.
Des prophètes.
Le sceau de l'envol.

Absurde ou mystère ?

Ariane, ma sœur...

La plupart du temps les mots descellés de vouloir se décollent et s'échappent. Parfois le cœur saute avec et c'est déflagration. De tout petits blocs font mots. Autres. Pas sens. Enfin presque pas. C'est compliqué. Pas la peine. Peut-être pas la peine.
Il faut attendre si longtemps pour que le sens vienne d'ailleurs. Et tant de blocs sont abandonnés en route. Gravelles qu'aucune main amie n'emporte en aucune besace. Javelles qui ne feront pas gerbe.

Paroles mal tenues.

Ne pas se retourner. Tant pis. Fatigue incroyable fatigue. Ne pas se baisser. Ne pas ramasser. Tant pis. On le dira perdu le bloc qu'on n'a pas pris. On mentira tant pis. Fatigue encore. Puis rien. Puis l'autre côté de l'autre rail. Si loin. Si exactement loin.

Où des mains sont furieuses et pétrissent le pain.

Là-bas.

A-t-elle espéré qu'un train surgisse ? Une virgule ?

Elle caresse si longuement la lèvre rouillée du désert où l'acier poli tire un fil blanc que dans sa paume un creux se fait.

Où recueillir quoi ?

Tout au bout de la ligne là-bas dans la disparition de la ligne là-bas le fil blanc blesse-t-il encore la main d'Ariane ?

Se serait avec lui retrouvée ou perdue.

Ah ! saccagée d'amour Phèdre a coupé le fil. Elle a voulu se perdre et s'est perdue. Pourquoi où on se perd certains sont-ils sauvés ?

Dans le creux de sa main le sang des morts.

Elle ne regarde pas l'autre rail loin exactement ni que les lèvres de la plaine se sont séparées en tous points également.

Fendues jusqu'à toujours.

Ni que les dents seules les retiennent de disparaître ou de se refermer en avalant tout l'espace.

Vieillesse.

Une ferveur conjure la peur. Incante. Comme quand elle a lu le livre du poète où les mots absolvaient les crocs.
Puis l'amour infini est mort avec la mort. Puis l'amour infini finit. Elle a vu là-bas torpiller là.

Une ferveur pourtant.
C'est maintenant.

Car il y eut le vent l'été dont elle fit provision. La neige est
là. Et le bleu du cahier. Issu. Il y a le trou que fit un jour le
poème et qui va jusqu'où il faut être. Au cœur. Avec le lys
en la volée d'oiseau. Où il faut être. Mémoire retournée.

Pas mémoire. Pays pays !

Car il y a l'exil et le désert et les cailloux dressés où boire
une parole aux bouches étrangères. Il y a les secrets sur-
pris au vol des hirondelles. Ceux qu'elle n'a pas perdus. Ils
flottent dans ses mains avec le sang des morts. Toutes ces
choses sont mais n'abusent pas l'irréparable.

Parallèles.

Rappel encore le long des longs chemins. Les paysages. La
passée de la ligne. Le ciel en partage. Droit de l'oiseau.
Justification du regard. Et puis la route blanche et la gros-
se pierre grise et là où tout s'éclaire. Ensuite. Et puis la cer-
titude que la marche est aisée. Plus loin. Que dépasser la
pierre grise est facile. Qu'il suffit de renoncer au blanc et
d'épouser le clair.

La claire journée où enfiler les bras !

Elle regarde le cahier bleu. Non. Le bleu auquel s'est cram-
ponné tout l'espace. Le bleu inassouvi de la nuit qu'il refu-
se. Concave en son carré. D'où vient ce peu de bleu ? Issu.

Legs.

De quelle fracture de la lumière ?

Qui dit que la lumière ne souffre pas du bleu ? Phèdre souffre du sang aux joues d'Aricie. D'une souffrance qui la prive d'être. Qui la désintègre.

Livrée à la lumière en toute son absence
pesant le poids de soif du grain de sel
Phèdre se tient au plein midi sans paupières
Où nous baissons les yeux espérant voir
de nos paupières closes
les saisons se déprendre du tout.
Et ne pas voir l'été réajuster le blanc de tout.

Puis l'hiver.

L'été midi la bataille du jour à cacher qu'il s'étiole et Phèdre soleil aux cuisses et au dos refusant toutes les couleurs. Rien ne saigne. Rien ne saigne pas. Refusant tout hormis l'intuition du vide et du plein. Hormis la soif. Hormis l'évidement d'une écriture pour dire le plein reclus ou condamné loin loin. Hormis l'épi fauché pour dire l'éclat. Hormis le fil du texte bradé contre le tout. Hormis le fil en guise de la vie. Le fil énormément plié.

Garrot.

Le labyrinthe où Phèdre s'aliène à l'image que l'encre fait sur le papier.

Parallèles.

Ne pouvant plus sortir d'où la mort est entrée. Le poète est bien fils du mort. Cheminement inlassablement tortueux. Languide. Moi reste encore un peu toujours auprès de moi. Couché.

Parallèles.

Rails après quoi il n'y a rien et dont la seule verticale est le lever du poète au matin.

Non.

Debout.

Phèdre parfaitement droite parce que tenue de toutes parts par l'égale lumière féroce. Parce que penchant à peine elle s'effondrerait. Parce que tout geste la précipiterait dans le nom de l'abîme où elle séjourne. Où nous croyons encore pouvoir tomber à genoux !

Phèdre sait. Elle ne rit pas. Elle dit que ses voiles lui pèsent et les nœuds de ses cheveux. Elle dit que la peur a fini quand le froid guigne l'os. Elle dit qu'elle est le dehors nu et que personne n'est à sauver quand l'amour fut abandonné.

Quand l'abandon de l'amour
aux rives de Cnossos
avec le lien sacré.

Au nom de quoi déjà ?

Quand l'abandon de l'amour a couché toute insurrection.

Elle émarge un espace morne. La lumière pile la lumière. Et la minuscule verticale au secours n'a pas d'ombre. Rien ne l'attache à rien. Elle scarifie la durée d'une distance.

Non !

Elle crie non.

Voilà.

Le fantôme d'Ariane est venu tuer le fils du déjà mort puisqu'il a trahi la parole qu'elle doit remettre entre les mains du poète. Je vous aime. Le jaloux du dépôt. Je vous aime. Le fidèle. Je vous aime. Pourvu oh ! pourvu. Te souviens-tu de Kierkegaard ? Venue remettre le défaut de parole aux mains d'un homme.

Elle se souvient potron minet l'ouverture des cafés. Parler jusqu'à l'éclat du rire et l'envie de toucher et sommation d'apprendre des maladies mortelles et de ferveur l'incroyable. Et recommencer mille fois les mille chemins d'Abraham et renverser la terre comme feu doit le faire pour que son poids l'entraîne dans les airs. Nous seize ans chaque jour te souviens-tu ? Puis plus. Puis plus vus. Puis partis vivre il y a longtemps dans des coins.

Une verticale écorche très légèrement la dépouille du monde où gisent les astres. Des mots à vif creusent encore dans l'absolument meuble. Rangées de signes sages qui déclinent les mers qu'on n'aura pas franchies. Quête idiote. Déclinaison. Galères.

Dans le passé le non futur.

Dépasse encore le mât de la coque poreuse qui s'efface c'est bien devant celui qui n'est pas encore là. Qui comprendra. L'autre. Dans longtemps. Qu'on aimera c'est sûr. S'il vient. Quand il viendra.

De la mer.

Elle est allongée. L'œil et le caillou blanc. La rêverie. C'est silence d'après solitude c'est chaloupe. L'œil est le caillou blanc.

La rêverie suffit.

Les eaux d'en haut les eaux d'en bas bien sûr. Nommées bien sûr. Mais les noms s'oublient.

S'oublient ceux des jeunes hommes engloutis par rafales et par l'obéissance.

L'espace a basculé allongée qu'elle est. Rêverie fait voyante.
L'incantation défie le nom des choses. Le nom clos des choses closes.
Les eaux d'un côté les eaux de l'autre côté. Et la fente se dresse de l'horizon où macèrent les jus du soleil et des nuits.

Elles ne sont plus séparées mais alors elles sont écartées ces eaux !

Qui s'est permis de les rompre ces eaux qui ne sont qu'écartées ? Qui s'est permis de les écarter d'ailleurs. Laissez leur confusion encore un peu où rêver jouit.

Ces eaux

Qu'appelle la brûlure fendue et l'engloutir délicieux.
Pas le jeune homme l'engloutir non !

Le cœur tout entier.

Le nom doit être là perdu dans ta bouche à baiser qui giclerait avec les morves du dedans où sont celles d'azur aussi.

Oui.

Si on penchait la tête. Et sans le sol glacé. Si un peu las sur une épaule amie non sur le sol glacé et qu'on regarde par hasard avec la rêverie ces grands espaces vigoureux comme des peintures.

Alors

le sourire avec le mot avec le paysage et les troupeaux s'écoulerait de la fente d'amour où battent les océans beaucoup trop grands.

Suffirait-il de redresser toutes les lignes comme des forêts ? Comme font les feuilles mortes avec la vie de la forêt tout en se perdant dans le sol.

Suffirait-il ?

Et toutes les paroles les redresser !

Pour que Phèdre bascule et s'allonge enfin avec Antigone. Pour que se taise enfin le poète buvant à l'eau des larmiers des gouttières.

Suffirait-il de pencher la tête sur une épaule amie ?

Pour que tu te reposes enfin toi mon amour mon mort. Que tu te reposes enfin. Debout dessous les sources.

Debout.

La longue échelle des bouleaux.

Il meurt. Elle se souvient.

Il n'est pas mort. Il meurt. Elle regarde. Lui meurt. Et puis il est mort.

Dans la chambre il y a le poète c'est important et elle et lui qui vient de mourir. Le poète protège la porte. Elle le lui demande. Des milliers d'oiseaux morts. Les galops qu'on entend encore pourtant.

Poète protège la porte ! Il dit oui.

Les poètes savent protéger les portes et les portes ont besoin de témoins pour ne pas disparaître du cœur de l'homme. Martyrologe.

C'est pour ça qu'ils protègent les portes et non les hommes. Pour que les hommes se dévêtent sans condamner les portes.

Elle se déshabille. Elle est nue. Elle n'a pu mourir avec lui. Comment fait-on ? Il n'a pu vivre avec elle. Comment fait-on ?

Elle doit prendre encore cette mort. S'en saisir essayer. Lui dans cette mort. Il faut. Elle s'étend sur lui. Son sexe se tend. Son sexe à lui. Elle attend. Ça dure longtemps. Le temps d'un bateau ivre et que les pontons disparaissent. Elle attend qu'il s'apaise et ses doigts tombent.

Ses doigts à elle.

Elle regarde sa paume lisse et les doigts abandonnés sur son corps à lui.

Elle ne sait pas se rhabiller sans les doigts donnés.

Poète aide-moi ! Elle ne sait plus ne saura plus : faire.

Le poète est très sérieux très loin plus que loin : lié à l'issue à la saillie aux portes.

Il l'étend sur le sol comme un linge mouillé sur un pré frais. Très loin des rivières cependant très séparée de l'eau des pluies.

Couchée sur du vert quand le gris devient vert dans la proximité du rouge qui a comblé le ciel désormais.

Le sol est doux car les oiseaux sont doux tombés du rouge au sol.

Il la pénètre sérieusement. Le poète est l'ami profond du corps des hommes. L'ami des combes et des cluses. Et puis il la rhabille pour qu'on ne sache pas qu'elle est nue. Débarrassée de faire et des doigts pour ce faire.

Ils se taisent longtemps. Comment absoudre le mot de l'air de la mort.

Elle découvre le chant clos c'est jardin et le butoir du poème.

Elle dit qu'elle a aimé qu'elle aime et que vienne la nuit maintenant qu'il faut vivre. Que tous les cœurs s'apaisent et les corps. Qu'elle n'a plus d'ongles.

On lui dit qu'il n'est pas mort du moins pas comme ça et que ses doigts sont là à elle qui ne les voit pas. Qui sait qu'ils ont coulé avec la dernière jouissance et que ce n'était pas la sienne jouissance. Enfin pas exactement.

C'est difficile à dire.

Quand le poète a joui en elle mais le mot ne convient pas comment dire. Il ne s'agit pas de décharge mais de charge.

Quand le poète a chargé percevant le fleuve et que le cours l'emportait et qu'il faut bien percer des trous où le vide a gonflé
quand le poète l'a chargée d'une part du poids de l'eau qu'il gardait en réserve pour recoudre des mots aux joues des égarés
quand il l'a lestée de cette eau qui restitue le corps
à l'eau à l'usure de l'eau
au poids
non les paumes aux doigts
ce ne fut pas pour clore son sexe à elle ni accomplir
le dessein du mort.

Protecteur des portes quand même n'y passent plus ni mers ni bateaux ni chevaux. Protecteur de l'issue jusqu'au drain.

Jusqu'à plus loin que l'aporie.

C'était plutôt que dire
que cela fut.
Elle dit : c'était pour dire et que ce soit. Elle ne comprend pas tout.

Elle dit les doigts sont devenus des chiens qui accomplissent la soumission mais la salive des louves soigne les cinq trous de mes paumes en décomptant la nuit chaque nuit.

Sainteté par les louves.

Elle dit encore que les cicatrices de ses mains ne se voient pas que pour ça elles relient des tout petits morceaux du temps que pour ça on ne comprend pas.

Le poète vient quand les louves s'en vont. Il lève des cris dans les plis minuscules de son épiderme. Elle sait ce qu'il en fait. Des bataillons.

On lui dit qu'elle est folle. Elle dit oui. De la folie qu'a le jour à disparaître. Elle dit oui.

Elle cherche la parole qui conduirait son mort où sont les sources et les rives. Elle a droit à la parole qu'elle ne trouve pas.

Perdue dans l'étirement de distance et sans l'écho des pas de l'autre. Dans le non frayé où jamais bordage ne fait ligne ni signe. Comment repérer la parole et l'aborder ?

À laquelle elle a droit.

Perdue dans l'étirement sans fin de la durée. Avec les mots du poète. Ceux qui sont sans écho. Qui sont des trous c'est tout. Pores de la peau de sa paume où même l'eau est trop grosse pour passer.

Alors les mots !

Elle les regarde longtemps flotter dans sa main. Et puis tout doucement les fait basculer dans le vide. Presque tous.
Certains se sont enfouis dans la chair de la main par les petits trous qu'ils ont fait sur la peau. Ils ont rejoint les nerfs.

Là rien n'accompagne.

Elle considère les mots en grand danger de s'égarer définitivement. Elle n'y est pas étrangère.

Sur les bords de Cnossos
il fut que les mots s'égarèrent.

Le fil d'Ariane n'a pu recoudre un seul des mots perdus
qu'on avait mal tenus.
Cruauté d'Ariane. Cruauté d'elle-même qui vient de refu-
ser le filet de ses cicatrices aux mots qui auraient pu dire
la lumière sur les blés qu'on espère dans l'hiver. Qui
auraient pu faire l'angle du passage des hommes sur le nu.
Faire l'orthogonalité des amitiés.

Elle n'a pas cru. Sinon elle n'aurait pas versé au solde des
combats les mots des autres qu'elle avait pris.

La nuit gagne. La nuit ? Levons-nous que faire délestés
tout de même de nos bijoux volés. Ligotés par le fil de la
petite sorcière Ariane dans l'intervalle.

Phèdre sait la chose qui fait qu'on se saborde voiles et équipage et tous les attelages. Arrois incompétents des certitudes que le jour fut et vient.

Un petit point remue là-bas.

Ce doit être un corps ou un cri qui bâtit sa demeure. C'est comme ça en enfer. Il n'y a rien mais un point dans l'œil aveugle la pensée. Un poing.

Quand j'étais en enfer j'ai connu les forçats évadés des guerres d'ailleurs. J'ai léché leurs lèvres et les poisons sur leurs lèvres que rien n'avait lavées. Devrais-je dire que rien avait lavées ? Ai-je léché le lavement par rien des poisons sur les lèvres des forçats ? J'aurais voulu laver le poison des lèvres des forçats avec ma langue ou bien sucer le reste d'un poison le dévorer.
Toutes les guerres d'ailleurs m'en démettre.

...mes mains ne sont pas criminelles

Quand j'étais en enfer Phèdre m'a dit *Connais donc Phèdre*. J'ai connu Phèdre donc.

Un très grand cercle de papier remplaçait les comètes. L'enroulement serré d'un lacet de papier faisait la roue des constellations. Le filet de papier coulait sans cesse du cercle blanc et s'amassait au sol en des volutes inutiles. C'était très beau c'était un jeu.

Je connaissais Phèdre.

Il n'y avait pas de gloire pour l'homme ni de chants pour dévaler les pentes des montagnes.

Les cris avaient des demeures.

Phèdre disait connais donc Phèdre. Restait ce qui ne peut s'enfuir. Le poids du monde aux épaules cousu. Des forçats évadés jusqu'où fuir ne peut plus et un filet de papier qui ruisselait.
J'avais tous mes doigts en ce temps là.
J'ai bien vu se diviser l'atome pendant que le fil de papier coulait. J'ai crié bien sûr on ne sait pas prier là-bas. On s'agenouille parce que sans jambes.
Il y a l'intuition de l'horreur pour jouir ou baver là-bas.

Et puis le cri pour se protéger du pire.

Il va se passer quelque chose.

J'ai bien vu la mer s'ouvrir mais je n'ai pas bougé. Pas folle. Égyptienne ! Et j'ai lu des livres avant que le papier ne coule du ventre rond de Phèdre.

Voilà.

D'abord j'ai vu l'ombre. Ensuite j'ai vu Phèdre sortir de son ombre. Puis l'ombre s'affina jusque rien. Inutile puisqu'où rien n'apaise.
Alors j'ai vu le ruban de papier. J'ai vu la constellation se défaire par écoulement très lent. Rejoindre Phèdre au point de décollement de son ombre. J'ai vu se fondre à l'ombre de Phèdre le décalage spectral d'une très lointaine galaxie puis couler jusqu'en mes mains puis couler encore entre mes doigts.

La lumière morte de la nuit des temps brûlait demain.

C'était beau comme photos de guerre.

Ensuite j'ai vu le fil noir tordu sur le papier que sans cesse la lumière trouait. Revendiquait. J'ai vu se tordre le fil. Il s'insurgeait sous la brûlure. Chauffait jusque blanc. Incandescent. Émettait la lumière qui l'émiettait.

Il céda.

L'arc-en-ciel sous l'horizon des mers lâché d'un coup par les glauques troupeaux.

J'ai vu le monde au contour des lettres qui frayaient le chemin sans frontière de l'ombre. Toutes les lettres de tous les mots traçaient– comme l'ombre fait ignorant l'angle et l'angle de ce monde – l'incroyable structure de l'espace réel.
Et puis tendu tendu le fil cassa.
L'intervalle triomphait. L'oubli céda sa place.

Tous les pores de toutes les peaux crispés clos par la terreur des guerres d'ailleurs ne connurent plus pour dire les trous de l'air et pour taire la détresse que l'intervalle.

Le silence acculait chacun des petits segments de la ligne brisée et le monde s'engouffrait dans chaque trou du texte. Disparu.

Je ne sus plus lire.

J'aurais voulu prendre le bout du fil pour que vienne Ariane avec Phèdre et Antigone dans le dénouement de leur nom. Trop tard.

L'ombre si menue que tranchante avait incisé la peau du monde et les mots se précipitaient dans le sillon. Thalweg. On n'y pouvait plus rien. Trop tard.

Je criai à Phèdre fais un pas en avant. L'ombre élastique claqua comme silence. Je criai fais un pas en arrière. La phrase fronça jusqu'au cri. Moelle épinière. Amourettes des veaux. Garnitures ! À quoi à qui servait tout ça ?

Fille du soleil. Fille du rayon et du labyrinthe.

Allée là où avancer ni reculer ne se peuvent sans mourir elle meurt de parfaite immobilité.

Sans un pas sans un pas où on meurt quand même.
Elle laisse subsister d'elle le peu qui puisse nommer le tout et ça ne suffit pas ça ne suffit pas. Il faut le fiel encore pour que la soif dure éternellement inutile inutile que la mort rompt.

Alors spolié d'Antigone on peut regarder le monde et dans nos poing fermés protéger la racine déchaussée : TR du courage inutile. TR TR TR TR TR TR TR TR TR TR TR TR TR. Et tenir une seconde sans ombre. Hors des ralliements du monde.
Tenir tenir. Où il n'y a pas intérêt d'être.

Icare suffisait. Il veut approcher le soleil il s'y brûle les ailes et sa chute est partout. Bon.
Mais Phèdre ne veut rien qu'être où il est impossible d'être. Où ça ne sert à rien à personne d'être. Dans le poids seul d'être. Dans le poids d'une lettre qui s'isole et rompt le fil. Dans la rupture du déjà dénoué.

Folie.

Et d'avoir dit mon tout à un de passage
au passage de l'un.

3

« Pour la dernière fois je vous parle peut-être,
différez le d'un jour demain, vous serez maître. »
Racine, *Andromaque*, Acte IV, scène V

C'était première fois

Ce fut catastrophe

Que soit
d'un jour
peut-être
différé

Dernier barreau sur l'échelle d'attendre reste
dernier en place de premier
                              L'attente

est sans la fin

À l'os de colère obéissance a sucé moelle
et l'immédiat
                    Peur

pourléchait babines et le
différemment
si longtemps
et pour un jour encore

Est-il à naître puisqu'il pu ne pas être ?

Sous boisseau si longtemps
la levée des images
labiles
les regarder s'enfuir aujourd'hui
rampant vers l'hors
                          Rampant

C'est qu'il pourrait attendre c'est nulle part
d'attendre et s'il n'a pas lieu d'être
                                        où
viendrait-il ? Il ne vint pas ne viendra pas
n'a pas pris la bouche
Restent encore des dents
dessus les flots de sous la langue

Le poème

L'attente a fait choux gras Vigueur attelée

Désobéis ou pars aux champs

L'attente du poème fut perdition
dans musc de se perdre
L'audace rien du tout c'est mensonge qu'oser
Oser quoi ? Oser partager ?
Soif et musique savante tout

soif seule
ciel saccagé

J'ai refermé des livres sur une phrase
dévorée d'elle
L'ignorance est repue d'un tremblement

Dans les mots des autres j'ai coulé salive et dépêché flottille
sus au poème Ah bander l'arc et lève au gîte l'iambe et la chair
La larme entre monde et langage je l'ai bue et tout le Gange
en moi parfois s'écartela. Ma main fut ouverte et pieuse et
mendiante et voleuse et branleuse

attendant le poème

Tout fut creusé scrupuleusement Vidée la vue Voir n'à rien à voir là Le cri ça n'est pas ça non plus ni retrousser la peau jusque derme sécher pour scarifications éventuelles des vents

Rien ne m'a rassurée comme la fièvre où flamboyait l'attente et peut-être et demain
Consomption pour viatique et compter les secondes et marcher forcené chambre ou montagne ne sachant plus qu'un rythme où se prendraient les mots ou les pas dans les mots et trébucher pour délivrance

Plutôt que vivre aimer soigner plutôt prier que briser l'esclavage

prière sans foi
coque de la supplique
où personne
carène

Demain ne revient pas de l'infini multiple ni l'oiseau

Ai-je parfois senti la main des hommes et leurs enfoncements
Ai-je pleuré parfois
brute vide attendant d'échéance
poème
en les rebonds de l'évidence

Insensible jusqu'espérer pour lexique le crime

Les idées m'ont déplu de contenter les trous dont j'étais jardinier et veilleur et maton Celles qui m'échappaient furent priées à boire le temps de m'échapper

J'attendis d'incomprendre une salve d'amour et de pure émotion

En reste tout fut admis Déchirer peau calleuse et saine
Écaler lèvres et pupilles où le poème trouvait surface close

Pourtant dans mon réduit la mer fit cluse
Dans partout la nuit portes closes
l'amitié
triompha de l'enclos et mis lumière
au centre tant
que partout condamnée d'affronter
je la savais au dos ou au tympan
quand l'œil se noyait dans l'absence du lieu

où voulait se noyer l'œil

mais débordant du front l'attente
elle me retint à quai avec les blés longtemps
le vent le sable et la rafale

Le chiendent survécut Chiendent
tint lieu de dit et d'insolence

Monère pour monade

Tandis que peur verrouillait valves et vulves troquant l'a-
mour contre clapet et l'attente contre gémir Rien ne menaçait
cependant Ni les brigands
                    ni le poème

Quand je fus trahie je fus plus curieuse que blessée Étais-je
encore là pour être offensée ? Même une joie sourde for-
çait l'ennemi
                    moi défait de toi
jusqu'impure perte et faillance

Pareil l'alcool sécrétant l'avenir de soif et les petits matins
formidablement mornes où les mots sans chantier se ser-
raient en de modestes places et n'insultaient plus le
monde
                    Disqualifiés d'arbitrage

Quand la confiance fut tout à fait morte j'oubliai les livres
Restèrent au cerveau les encoches Quelques vers s'étaient
enchâssés au remblai des vents méprisant larmes et
conquêtes

Aubes contre aube

Puis enfin fut certaine la défaillance
et ce fut seule chose en quoi je fus certaine

J'aurais bien aimé la caresse des hommes
les seins ronds paumes pleines les tant pis
aux laisses des marées dans les odeurs profuses
des sucs Pas le temps
                    L'attente

prenait place du temps

Et c'est chaque journée
que le temps place au chapelet
Tout le temps pris
place
où tes mains mon amour auraient fait lever l'âme
où la verticalité eut ébloui l'horizon

Mais dosse qui tanguait en guise d'incanter
j'attendais c'est pathétique je t'assure
le coup d'estoc coup de fouet
Orphée que sais-je
en tout cas surgi d'ailleurs
le coup du poème

Menterie Menterie : peut-être

Relance sur ses bris Vois fuir
Non
Le poème s'il fut
fut d'abondance et d'abandon
gloire au ban donnée
et s'il a trop pleuré le bateau la navrance
des aubes déferla sur mon ventre
avec jouir et condouloir

Tout pesa sauf attendre Ce qui ne pesait pas fut engrangé
pour les bouffées d'attente où ronger les galops les orages
jusqu'à la nausée des images et la chute des dents Jusqu'à
détester Rilke et mon innocence

Jusqu'à l'erreur

Personne ne m'aida je ne demandai rien mais condouloir
tous les poètes Condouloir quelques psaumes et langues
étrangères

L'émerveillement m'a toujours consolée

Quand la plainte imbécile et la honte
trafiquèrent l'océan dans le décervellement
tout s'écarta
Les arbres les amours les paysages les combats
les voix claires les espérances les résistances
Toutes les instances de vivre et provende à poème
s'écartèrent
Restaient le muscle noué la catapulte
le chien méchant sur le fusil rouillé
et la caverne vide
aux murs barbouillés des ocres nourriciers
biffés d'amertume et de gnoses

L'abscons devint le pire des jeux réduisant l'infini à
quelques milliards de secondes et l'impossible à l'illisible

Puis tout manqua

Quoi dire

après que les maladies furent syntaxes neuves. Que dire de
la désolation de la défaillance quand de malheureux
défaillants désolés furent décrétés charpente du rêve.

Quand il faut être schizophrène ou très malade ou bientôt
mort pour qu'on ne sourie pas si vous murmurez le chaos
tranche la face humaine.

Or c'est giron contremarche et foulée de parole

Je ne veux pas trembler sur ta lèvre toujours Je veux dans
corps que corps enfoncé saigne et me coupe la voie et tout
retranchement

Que rende aux rivières l'écouler
le poème
et le chant
dans le goût de penser

Enfant aux latrines
dépasser sept ans
dans le mauvais sang
ces quelques vos mots
où l'on put dire je
au pressentiment des voiles
irréparablement sauvé de la perte du poème

et du poème

Attente rhapsodique et c'est temps de gitans
Dans l'oscillation la prière
Ergs et bazars Rituels et verroterie
Presser le cerveau jusqu'à trois petits bouts de verre
qui découpent le cœur

La poésie morte La déjà morte vive brutale encore

et au-delà ?

L'attente
que sidère
le pas

L'émiettement et toutes ces choses ah je n'en peux plus !
Frénésie du saccage puis frénésie du passage puis frénésie
puis fatigue pour solution pour exigence pour ordre Alors
épreindre enfin le tout : fressure

Un désert soudain dans ma ville et c'est beau ! C'est un effondrement c'est un crime butorde! Tous ces petits monstres à motos pour appeaux de haine et qui seront morts dans quelques jours. Comment ne s'effondreraient pas les pleurs au cœur des pleurs ?

L'attente s'est vautrée dans les mots des esclaves Sûre d'un contentement apathique sournois Sûre d'une geste archaïque où connaître l'abject et le ciel Aïe aïe Il fallut hurler pour que ressemble à vivre l'outre vide du cœur et la tuyauterie des humeurs

Rien suffit-il ?

Il a fallu peindre pour ne pas écrire et pour obéir
Là vraiment très sotte ne sachant rien
que quelques trompettes de seconde main
j'ai bien cogné mon temps mes limites
aux râpes des matières loin des vocabulaires
dans des élans bradés aux regrats de la danse
Criaillerie cécité quand ne peut pas
faire le trou ne peut pas
enfoncer le bras l'épaule
et attraper derrière la surface

le ciel nu
le temps venu

J'ai laissé l'attente dévorer mes enfants
et laissé vendre Hypsipyle
car elle fut abandonnée sais-tu
vendue Hypsipyle
et nourrice de ceux que Médée
pas manger pas pris
Jason s'en fout nous pire
Où l'amour fut abandonné

te souviens-tu ?
Dans la grosse fabrique à lire
les mythologies

Allez prends tes jambes à ton cou
si tu ne sais pas tenir de boue avec les bras levés
le temps que se déroule à tes épaules nues
l'horizon si lourd du vers
si pas savoir te livrer poings liés
dans le défaut de ta croyance et colporteur
et semeur
              du désordre et du grain
si pas savoir embrasser le malheur
et en extraire l'heure

Pends tes jambes à son cou
Soleil !
Une fente défait le jour

L'attente grosse avait fini par s'éblouir et s'attendre d'elle
sans que cœur ni cerveau ne s'ouvrissent La dure-mère
guettait au trou

J'aurais mieux fait
polir mon corps et parfum sur tout ça
lisser cheveux peindre les yeux
et scarifier les peaux très douces
poncer genoux et coudes et
l'Arabie
dedans les paumes

J'aurais accueilli les amours de bestiaux en voyage La
horde aurait-elle suffit à juguler l'écoulement d'attente à
brider le dedans glissant sur le dehors et le dehors glissant
jusque trop loin pour voir ?

N'ai-je fait qu'attendre le jour dépassé dans le jour
suivant ?
        Le jour trop tard
La lumière des étoiles comme on place en ma langue
le futur au passé

Suffisait-il de retirer du feu tes mots
tes brandons te les rendre
que tu sois sauvé soif intacte ?
Tant pis si brûler l'œil
il ne s'agit pas que de voir et parfois
pas du tout

Le vent claque

Une offense

j'ignore le mot qui viendra qui le dira ni si
je reconnaîtrai le mot qui viendra qui le dira
Il est inscrit sur un caillou blanc dit-on
Quand on le reçoit on sait lire
après que le combat fut mené

Peut-être qu'il ne vient pas ni ne se trouve ni retrouve Que
l'attente s'étend jusqu'au delà des plaines Jusqu'au-delà
du pas
Que leurre transmutation

Le continu ne peut finir

Ne viendra peut-être que le grand désordre des choses
dans la pagaille des sentiments où les sexes fichent des
drapeaux très beaux où le cœur abcède

Parmi les chacals

Jusqu'à l'aubépine

Un déni profond murmure encore

Au bord
                    j'attends

la parole en cette langue

ou bien rire sans penser palatale écartée

Cerveau dressé rien de malingre au corps
pas douée pour le sacré ni pour les astres
mollets solides accrochés aux genoux
comment danser l'inconnaissable nuit
si rien ne se détache
pour faire place à la nuit ?

Rien ne transcende rien

Pierre d'attente
rejetée
dans l'oubli des bâtisseurs
et des gréements

Voici que survient trop tard

4

Or voici que survint trop tard

Tant pis les soirs très doux où phrases
arrondies ça va suffire oui non
tant pis
les outils prêts partez
et la gouge à poème pour échancrer
le refuge de dire car le ciel c'est plus loin
avec de quel côté s'est posé le silence
au triangle du verbe pointé partout

Méfie toi qu'apparaître émiette l'apparence
et dislocation où le poème est
qui ne viendra pas
qui est
ce qui est
là
qui ne vient pas
                    Là
clef de présence Contr'ouverture de sol et suite
jusqu'à soubassements
grogner

        Là

dans l'évidure mater forçat rouler
dans la pleine eau jeté

Se lèvent encore les yeux blancs
se soulèvent les globes
avant de s'enrouler dans les grosses paupières
et les requins gobez
nanan

C'est trop tard pour vision
De chantepleure goutte à goutte s'écoule
déborder
où voyager sans ombre et sans
la dimension

où voyage est noyade
après que naufrager d'incendier la coquille
et le nom

Qui m'offrira connaissance recelée dans
le débordement

et le peu de jouissance

et réquisition d'adorable ?

Tant pis futaies l'aubier et la grande déroute
où les mots récupèrent peau et squame
avec le nom des ruisseaux et des bêtes
Tant pis l'aliénation à l'image oui non

Dire
        NON

Lumière est réfractaire pour qu'arc-en-ciel

Désobéir enfin
Toute gloire fut dressée par chute
et sous terrible charge Renoncer

C'est affreux l'affreuse peine
de renoncer par pure désobéissance
aux mots

Trop tard

Distraits jusque dessous ma langue
de leur gésine lente
les revoici
Non ce sont leurs semblables
et consensus transparence

Ils essaiment où besognent encore
dans l'enseuillement les exposés
les promis les seuls
à mise bas d'un coquillage regarde

Troqué nécessaire contre suffisant
mauvais marché jus de canines

La langue souple au baiser au refus c'est os
et bois tombal pour juste avant déshérence
la pierre obscure et noire
qu'il eut fallu comme il est dit
fouiller jusqu'à l'extrême

Jusqu'à peut-être regarde alors là oui regarde

Jamais ne seront transparentes
les eaux de sous la langue
mais de réflexion à réfraction
hésitantes
pour casser le mot son élan
et le faire et retrouvant son élan
tourner trope et trop
plutôt qu'accepter moins que loin

moins qu'hésiter

Écoute écoute et garder non
fronton frontispice et le front buté
sur tempête et pas mât de cocagne

Quand réfraction s'emballe
l'horizon s'approche
avec soleil plus gros et l'étoile plus haute

Leur laisser plume et or en leur nasse
et le mât de cocagne
Bonté s'est échappée avec sauve-qui-peut
avec grand rire et l'homme au foie rongé
sur le vaisseau qu'on voit planté
par beaupré
dessus le flot

Les étalons portaient au vent
c'était jour rebelle
d'invoquer l'air et l'eau

Dénoncer nonces et nonciales tant pis si
garder le nodus et le laid

C'est commettage des fils par torsion
pour que larguez les ris

Non

Et s'éveiller du matin tant pis si
l'inconsolation

Trop tard c'est puissance enfin
refus
      Et pleurer oui pleurer
parce que ça fait très mal
Tant pis pour langue forte quand le métal
bouillant dessus les effarvattes

Tant pis les effarvattes non !

Gémir gémir gémir oui servir non
Pas joli gémir ? Si

Et que tout se lamente dessous les mots serpés

Gémir d'ancestrale appartenance
pour mouiller
l'ouverture et plaie
au cri fauché

Comment oindre le trou
où le couteau viendra
de je l'aime
           d'oubli
de mort là-bas d'une guerre ordinaire

Seuls les amis mordre et sont si peu dans le si
raz de cette marée là

Tant pis si trop tard et tant pis d'ignorer

Trop tard il faut gémir Femme viens là
dans le trop tard pleurer sur l'inconnu
tout à fait mort qui dans le trou de terre
désire encore tes larmes et toutes tes salives
pour entrer en matière
Même si ne sut jamais peut-être celui là

qu'onction était sacrée pour aimer
quand deux sont deux fois un

Et méfiez-vous quand le gémissement méfiez-vous
pour quand dire vivre
                    vivre

Gémir est change ultime et refuite du chant
Sons déportés par le vent du désert
de leur chemin de vrille

Chaque pleureuse viviséquant sa voix au plus haut
du consentement à l'extase et tourbillon
se tait
        c'est non
et guetter la poussée dans reprenons en chœur
d'insurrection parmi l'orvale toute-bonne

Elle s'appelait pleurer Nommée par acte de nommer
car pleurer c'est jusqu'à l'imprononcé
nommer homme le mort
et puis se dé-nommer devant présence déboîtée
de la dépouille de présence
                    C'est œuvre
car s'érige l'absence

Désormais toujours c'est partout lors et chant

Refus majeur en l'oubli des syllabes
Mémoire

Folle ne te contente pas des finales à sucer
muette
prends les verbes

Trop tard c'est non puis le commencement

Lors exactement faite pour l'acquiescement sans fin
je puisque je vais dire non

Restera-t-il un peu du temps pour regarder
bouger le ciel là-haut très haut le brasser
en agitant paupières
avec l'obscur et dévolu d'icel

S'il en reste encore
du temps sous le sabot

peut-être peut-être
et peut-être demain
différé si longtemps
                    différé
et le poème dans différer demain
pour la dernière fois
et pour jour ce jour d'avec je te parle

5

Le train n'a pas démarré. Les rideaux sont rouges. La vitesse fera-t-elle cluse ? Brandillement suffira.

Le ciel s'est enroulé comme un livre
C'est là que Lilith trouvera le repos
Isaïe, qu'elle le trouve.

Regarde, une est allongée sur le milieu d'une chaussée. Le manteau les oripeaux bien rangés sur la coulée de goudron qui recouvre la tuyauterie des villes parmi les galets debouts de l'autrefois.

Tristesse infinie c'est maintenant. Ne saura pas, le train, rouler les galets sous la vague. Tout de même essayons. Avoir essayé.

Elle dort dans la seule proximité des canalisations, sous-bassements de chacun et sa propre architecture de boyaux et d'artères.

Laissée.

Elle dort et ça n'est pas loin de beau ni d'immonde. Véritablement seule c'est grave.

Tous le dos, peau d'épaule et le cul s'offrent à compassion et versement de nuit. Le ventre acoquiné aux écoulements. C'est très simple et joie de rencontrer le sol pour accueil et recueil quand au ciel plus rien ne se lit. Elle se repose sur l'indulgence tellurienne dans la communauté inavouable des hommes.

Grégaire en solitude. Et ça vaut innocence.

Bien sûr elle a beaucoup bu. Comment aurait-elle pu s'allonger sur le milieu noir de la ruelle et s'y confier au monde et aux fientes des bêtes ?

Le train part. Il est parti. Contrôle. Oui j'ai trois cartes de tarot que mon amie m'a données pour transmutation d'amitié et parole en outils de voyage. Oui j'ai carte fréquence de ce seul parcours.

Acquittée

Oui de solitude et de la fréquentation des distances

et de la fréquence et du nombre
Oui d'une stridence rase qui survit au chant
et aux étouffements
jusqu'au durcir d'après gémir
et l'excrétion du taciturne

Durcir après gémir

Crois-tu qu'excréter solitude et non pas le silence
avec la nuit débarque et marée monte c'est trop vite
mais garder le silence
Crois-tu qu'achever langueur et l'exaltation
servile à la nuit si forcer l'intime
de se renverser jusqu'en tes mains
Quand approcher de dos pour offrir à demain
cul retourné fange dehors et nez
dedans moiteur et les folles odeurs
Quand approcher de dos pour regarder
encore
d'où

C'est si loin déjà l'avant là-bas que savoir
non pour avenir décent

Car oui ne saurais dire qui ne me soit ravi

Crois-tu mais non
L'intime est au secret retourné
par vivre c'est comme ça
et le trop vouloir dans penser

ça ne suffit jamais

Regarde, elle se repose enfin dans la joie de la nuit, posée
sur la bonne litière. Il aurait fallu l'abandonner là le temps
qu'abandon vienne annuler possession dans relève du
front.

Regarde Non ne touche pas
S'est troué le satin dedans les cuisses
sous petites giclées d'acide urique
pour que plus encore s'ouvre
et plus nombreux ce corps

Et ça ne suffit pas
C'est mascarade au mieux de l'écrire car je ne veux dire
viole en moi, viole-la, quand ayant tous les mots qui le sau-
raient dire.

Choir
présent singulier
passé nombreux

Merci déchoir car plus tout à fait n'est à bas ni seule. Resteront peut-être engluées au goudron les peaux mortes et sinistre convoi des sanies. Peut-être, aux relevailles quand l'aidera le quelqu'un — je le crois — car c'est impossible autrement.

Lors si debout force-la
sinon comment savoir
                    qu'aimer

Puis courage se taire
Les mots par dignité tous les mots repousser
qu'ils repoussent vite vite repoussent
car supporter commencement sans fin du silence
ne peut la bête noire tapie par peur
et non pas par l'éveil non pas du tout
La peur et geindre encore

Ciel si bien fendu ce soir
que Gorgone on peut voir
déborder de sidérer jusque couler l'œil
pourpre et le jus de menace
parmi des futaies blondes

Grand repos de ne pouvoir changer la gare d'arrivée. Jamais le train ne m'abandonne.

Le ciel frotte les montagnes
impavides
languides

salopes

Que je voudrais aimer !

Écoute

Si du foie je retire le bec du vautour
et des épaules l'affaissement d'une planète
et de mon ventre la rêverie complice
et la peau de refus
Si je tends sur mon œil la paupière nictitante
pour œillade à lumière
et si ne pas voler sans ailes je promets
Si de chaque ouverture je fais blason
comme morne sur lance et les cinq
et la sixième pour
la peau trouée par le poème du poète

M'aimeras-tu ?

Jamais le train ne m'abandonne. Et tout fait place et rien non ne résiste. Te souviens-tu des œuvres vives et du franchissement ?

Petits chevaux courez courez crinière
rendre les avoines à la mer
et rattraper le temps que nous aurons perdu

Je vais te raconter l'histoire de la dame. Non. Les peupliers, regarde, la nuit monte. Leste, leste, bon sang. Trop tard, j'allume. Elle s'écrase à la vitre avec grande ville, grognements, gravelles électriques.
Gréement pourtant.
Il s'est passé quelque chose.

D'où je viens, contre le mur, de grands carrés de plâtre ont bougé je te jure. Un doigt d'or et d'acier – c'est un ongle arraché de la mort – retient tout. Quelque chose, une fissure a couru, court encore. Écoute le sifflement, la lézarde est partout poumon cœur.

Désir calciné par l'impatience
puis rien
puis le peu de mémoire. Tant pis si
seulement connaître dans trembler
Que pitoyables ces mots de mollesse
et de l'imprécision pour dire viens

Peut-être que je t'aimerais si t'aimer tu
mettais en moi car sinon
comment saurais-je
ne sachant que trembler et confondre

Bien sûr le train s'arrête trop et je connais les noms des
gares du passage. Mais parenthèse poussera la langue, le
chariot jusqu'à voici l'océan merci. Déjà voici l'angle et ne
plus travailler qu'à se laisser fuir par son vocabulaire et
celui du chemin du fer.

Jusqu'à l'appel grainé de noms propres
où tu est neuf.

de la lézarde goutte encore un peu
du séparé de désir et de l'insurrection

regarde c'est affreux
elle s'est levée
elle danse
où vieille veille
et les chiens sont lancés
carnaval ou vaudou
ketchup sang semblant
sur la robe fendue
dame ose où tremble gras
et la cuisse brandir
parler là si parler
quand plus rien que l'audace
et peut-être plus rien
que pleurer c'est pas bien

le gros pavot regarde
le cœur énorme noir
et c'est toute la peur
serrée dans les élytres
avec le grouillement
et la palinodie
du cri pour s'étourdir
pour c'est tout dire
et que fou d'épouvante NON
lors là tout nu mouillage
lorette Loreleï
l'attrape-mouche aux nues
pour que n'offusquent pas le bleu du ciel
les mouches au chanfrein de voir
l'ordalie piaffe tu entends ?
dire alors rien même
mais dire là
ou rien

vois
le rouge
et le torchon troué qui fait la robe
blanche
et le poil du mot
dressé comme sébile
où tu ne jettes rien
crachat pas même
coulisse pas du regard
aux fentes de penser
hurle t'en vas le temps va
tant
si pas la serrer dans tes bras
l'en aller sur ta queue d'elle
même
si pas sûr d'ailes
ferme très fort les yeux
que les semailles du désordre
ne puissent s'immiscer
par la fente de voir
ni même avec le grain
sous le pilon du jour
regarde aïe aïe
regarde bien dessous le blanc
entre chiasme et paupière
dans l'aubier de parler
le noir pavot le taïaut le mot
le baiser la joue fraîche
et le ventre bancal
dessus les jambes bègues
elle danse la dame drôle
ou bien elle ose
elle a peur et c'est toute la peur
elle a osé
la pauvre la drôlesse et jeune fille
et ladre

ah du mal pas du tout
du grand cadeau du rien n'est en réserve
pour le plein jour du jour
prends
elle a peur pas
une raison pour pas
comment taire
ou bien que dire
pas commentaire
médire non plus
chanter !
au seuil de là-bas seul
l'un seul
dans la bonne bonté
des quelques-uns qui
tant pis la peur
la bonne à dévorer linceul au chaudron
les mains pleines et c'est pas vrai le reste

pour jouer pour rire
torchon jeté ketchup
pour rire pomme cut
carnaval et vaudou
mais tournent tournent
les yeux dans les orbites
ne peut plus s'arrêter
le mot perlèche
où s'ouvrent les dessous dessus
ma lèvre lécher la sanie de tricher
tout avaler

Eh ! train la nuit s'achève. M'a déposée dans promenade le train qui sait où je vais si loin d'où je viens

Bloquer bloque encore. Crier ne s'écrit pas et c'est tout le contraire. Reposer gorge et les battements idiots de nos pouls, leur essoufflement de consonnes aveugles, jusqu'à roucoulement d'une voyelle et peut-être deux aortes un jour, comme le crocodile, une pour l'air une pour l'eau. Et respirer dans le fond des entrailles jusqu'égorger le solitaire qui dévore tout de se taire, comme écrire dévore tout ne rend rien.

Si !

Nous restera dis-moi l'eau de nos bouches
aussi l'eau de nos sexes pour absoudre solitude
et l'onanisme du cercle malade
Nous restera le fil Ariane ou le bord de
Cnossos et la belle nuit bonne
à brouter dans tes paumes
Alors briser nous briserons l'écouvillon
à refouler les boulets de canon
jusqu'à la mangeoire du grand ver

Briser le refouloir et pour enfin toujours
si parole donner

Regarde la lumière et ses petits rebonds, c'est matin. Tant pis pour l'absolu fiché grand banditisme entre nos yeux comme au garrot des bêtes noires, le définitif fiché avec ça coule – tu le sais – la belle couleur à mouiller oindre épaissir et branler le désir et l'horreur.

Arracher du chiasme l'estoc qui n'ouvre rien que stupeur et l'eau de soif.

Ne pas crier surtout bloque encore
car l'espace s'en fout Vois
deux cherchent sur les murs
la trace de leur cri
Se retourne le cœur pour peut-être
pour c'est là pour toujours
réquisitionné par jamais
pour toi
pour que je non pour que toi me

Viens vite ne touche pas au secours c'est à vif
Regarde décanter la mémoire
Trois petits tas de poudre de secret
dont l'escampette est sûre

Mais si possible garder accès
garder accès à : nous

Les trains de l'enfance dissimulés. Non pas fugue, trop savante la fugue. Ritournelle et tout ce qu'on sait tous. Pas le goût de mentir mais comment faire pour qu'on vous laisse en paix quand presque nulle part dans un mouvement autre ?

Le secret. Gris vert gelé.

Comment faire pour museler l'interprétation ? Les heures volées, immenses et l'imminence claire fouillant sa brèche.

Tout près de moi, un jeune homme debout tient son poing fermé comme on porte un enfant.

Sable et gris. Des oiseaux noirs.

Ne pas oublier tâcher
digue forcée l'espérance
et l'aller jusqu'au monde où peut-être
puisque l'arbre et l'oiseau

Sous l'averse un dit *vieilleicht* un dit *Quelle*

Remettre les pieds à la terre Tant pis si
commencer par le ventre et les seins
Mais la tête dans l'air surtout dans l'air
lancer
Pour langue pendue plus d'autre voie

que dénouer le lacet puis le retournement
Tâtonner de la plante des pieds
Tu vois le tas de cailloux où tunnel creuser
creusons
Le gué c'était plus loin
Le fleuve emporte moi
jusqu'au gué que bâtissent les nids d'oiseau
défaits et la chute des temples
et tous les mots qui vont qui vont

La petite brindille et lueur forcenée
de n'éclairer qu'à peine s'indiffèrent
du sol si meuble et des chemins lunaires
car tromperie ne pourra prise sur l'encours
du petit pas et compagnonnage d'ardeur
pour soulever trois poussières

Tant pis solitude si jusqu'au silence
si jusqu'atteindre

sur la jetée l'aller dérouler le pas

Le train, 75 % de réduction famille nombreuse jusqu'à 18
ans. Ensuite on est moins nombreux. Bien profité. Énorme
saut jusqu'aujourd'hui. Jour d'huis. Appris l'à gué depuis
que pas tant savoir nager dans le fond. Renouer quoi ? Le
départ ? Partir avec commencer. Solitude et se dissoudre
au hasard d'une carte fréquence. Le train repart.

Des chevaux blonds et mores. Très paisibles

Ma grand-mère ne faisait rien qu'être immobile où elle savait que je l'aimais. Dans l'attente cadenassée de toute chose. Où je tordais cœur et syntaxe. Renoncement à l'œuvre et les très belles mains inutiles sur le drap blanc. Inutiles au ponçage des aspérités : pas peur des aspérités.

Pourquoi demanderai-je d'où il vint d'où tu viens ?

Poulette, c'est aujourd'hui mardi, c'est philo, tu y vas, faire de la philosophie et puis tu rentres vite — mais n'oublie pas la bibliothèque ni la théorie surtout surtout ! – On se lira Phèdre ce soir. Non pas tout de suite, il y a philosophie. On oubliera le jour, on cajolera la nuit de nos doigts sans arpèges avec l'accord sans fin du désamour. Oui, tout de suite, si tu veux. Tant pis le reste, entrons dans le secret. La mort et vivre, pas la philosophie.

Puis meurent ceux qui gardaient ce qu'on ne saura pas.

Oui, renouer lire avec être lu, avoir été lu. Non pas dans sentiments, désirs ni exploits d'aucune sorte. Être lu dans l'attente de lire.

Un cesse en cet instant d'écrire
je connais son visage
que toute ma vie panse
et le bord des sentiers
sa détresse

Herbe grise. Rehauts. Puis à nouveau vert pâle et givre et prochaine saison dans les restes de l'autre. Moutonnement ras plus flaques.

Surfaces
clôtures du ciel et renvoi

Rêver. Avoir attendu mille de leurs vies à quoi on ne peut hélas, rien retrancher. Dans le défaut de tant de choses, c'est enfin. Il fallut mille années pour oser, quelle audace, prendre un train pour départ. Il fallait bien ce temps pour oser l'exacte séparation. Vivre, dire vivre dans l'exacte séparation. Aucune attente d'aucun bienfait que vacuité plus grande. Fréquence.

Les barrières, les champs, la géométrie des chemins, inquiétante, absurde en regard des forêts qui ont trouées utiles pour engouffrer les vents, pour que samiel ni bora ne terrorisent le monde jusqu'à le rendre au désert. Tant pis si l'arbre casse.

Usine blanche de kaolin. Deux bœufs marron près d'un taillis tassé. Vraiment grand ciel pourtant les montagnes.

A-t-on droit à tant de joie ?

Les mouillères

Il fera froid, peut-être, tout à l'heure. Je téléphonerai, peut-être, tout à l'heure. Dire je suis heureuse plutôt que ci ou ça.

Là le front des montagnes.

Dire que je comprends quelque chose, qu'il était temps. Pas la langueur de plus tard, pas énerver l'immédiat. L'innerver d'absence jusqu'à renverser l'œil.

Je ne me présenterai pas. Choisis-moi en ma contumace.

Paysage si long sans jamais le début
on est dedans le temps
avec un mot qu'on se rappelle

et c'est forêt ces traces et synthèse impossible

Reste j'opte

puis la tension des lignes qui se brisent
Le mystère a frôlé jusqu'au recul d'image
Où va-t-on laissant s'enfuir l'image
le paysage

Le dos se tait

Le fleuve aussi
s'enfuit bien qu'allant à son terme
On a longé le fleuve
On ne voit pas le gué
Jacob doit être vieux il boite
et ça gauchit l'image

Le temps se déboîte d'allure

Un jour le jour poindra pour juste à peine
point
séparer blanc de noir et dessiner
les horizons avec l'autre bout du fil

noir noué
au doigt d'Ariane

Va déferler la lumière de la ligne et démarcation
non ?

Là devant venue de demain
venue

Où va-t-on quand n'allant nulle part ?

La ligne.

Et puis glissent par pans entiers
une surface et une eau blanche
On suce un grain de sel
Le silence se dévêt de bouche bée de langue pend
Les visages des femmes ont les yeux morts
Se sont tordus les corps et le mien
dans fuir dépêchons-nous
l'affrontement de l'obscur et du clair
sous la poussée terrible des montagnes

L'ombre a disparu dessous le midi fou

dans le mitan de haine

On ne peut pas s'approcher

Rien ne dépend de soi si peu
dans un train

Ensuite l'apaisement

dans le trait de l'union juste
où séparation

Gare à nouveau

C'est parti Là véritablement j'ignore
ce que relier si dénouer tout ça
ou renouer nouer
ou bien suivre les orbes à la corde et au nœud
du bout d'un doigt d'une sandale

tout ça

Se repose la tête sur grand rouleau du paysage
et dodeline
pendant qu'il buvarde
le grand rouleau
larmes et souvenirs et les humeurs pires
et les couleurs

*Un dans un pré d'un empan, appréhende la boue du bout
de son bâton.*

Galope vers hier l'horizon
Par hasard
de place et contresens
je fais face

Deux chevaux bai et blanc font l'immobilité.

Il est 16 heures 30 et je vais vers la fin de ma langue. Et
puis la fin des terres. Dans le bout de fini où si pas trouver
la parole, il reste la mer et l'hourvari à lette.

Mon dos taiseux où va-t-il ? Assis.

Grand lac en attendant et ces chemins toujours, les beaux chemins de n'aller qu'à juste petite maison. Pas du tout parcourir le grand vide sonore du dedans où d'autres chemins sont, dit-on, que j'ignore.

Toulouse où personne, comme dans l'autrefois le bout d'une autre route où fut grand rire et la déconvenue.

Remis là rendus au départ des avions
le bout la route et la déconvenue
Gardé passage et quand-même et grand rire
et le train

Ah ! fuir encore plus fort et plus habilement mais ni l'autre ni moi. Je suis, je fuis, l'autre est partout. Non. Fuir ce qui d'ordinaire dans mouvoir se choisit.

Un petit pont vraiment trop vieux, bien plus vieux que Jacob et qui n'accoste plus. Souvenir épuisé par parole indiscrète.

Encore une rivière. Elle passe sous le train. Les deux bras tremblent tremblent et puis n'enlacent rien.

Irun temps de guerre, c'est la nuit, la défaite capitale et sociale. Où je devais être, je suis. Une stryge répertorie l'innocence des loups dans les ajours qu'elle arrache aux frontières.

Désolation bâtie
la frontière sans frontières
où le sérieux des arpenteurs
où celui des affûts
où le tassement des abois

Le mot se rend à l'étranger

regarder
jusqu'il faudra bien voir à la fin

Un me parle et je ne comprends pas. Il me touche le bras et dit : ça n'a pas d'importance. Merci. Ça n'a pas d'importance.

Au matin, les orangers pleins d'oranges.

Entre sombre la tourbe et le train qui m'emporte
deux rails pas du tout parallèles

mais devant derrière se joignant je le jure

Les vaches attendent. Mieux il semble.

Je les regarde attendre n'attendant plus. Parfois mon ventre
se souvient d'une main jusqu'à peau de poule et le rire.

Les orangers.

La promiscuité se défait. Les hommes s'arrêtent en route.
Il n'y a que des hommes. Ils ont des choses à faire. J'irai
jusqu'à Lisbonne, on ne va pas plus loin et je n'ai rien à
faire qu'à considérer la distance altérer temps et lieu.

S'effondre la pensée sous l'escadron des mots
qui tiendront siège encore
jusqu'à ne pas mourir par anticipation

jusqu'à la mer

Jusqu'à regarde tout au bout de la rue
le bateau qui passe

Seule c'était quand ?
Avec le vent fenêtre basse
et l'océan déjà je sais
et pas grand chose à dire
Car dire ne convient pas à chose se prépare
et c'est en autre langue

C'était avant le retour

Est-on seul sinon tellement
et parti tellement
si ne doit venir de venir la chose ?

Une chèvre trace sur la vitre la fin de la vitesse. Elle court,
c'est peu dire tant elle franchit distance dans son si peu de
temps encore. Poursuite a taraudé jusqu'à fourbure, le
loup, le coup du sang.
Tu vas mourir chèvre.
Il fallut plus que lices en la lice ou se jouait farce macabre.
Il fallut l'océan, pour qu'arrivée au bord, après lande et
talus – les bois ! – tu sois chassée en lette par l'océan trop
grand.

J'ai vu le sceau de ton sabot
Vu le pied désuni de l'infinie fatigue
où rétracter l'odeur et toute la pensée
Sur le sable trempé ton dernier vol
scellé dans le retournement Vu

Les chiens ne se tromperont pas

Hourvari dans la lette, disent les chasseurs pour dire qu'en fuyant la nuit des carniers, tu fus, chevreuil, acculé par l'océan à volte-face, à préférer les crocs, emportant d'océan jusqu'exploser le cœur : les requins, le galop des marées, le grand bœuf tacheté et la mort des marins.

Lumière beaucoup plus belle que dans tableaux de chasse.

La lumière drue fait la tangente au soir.

Je t'oublie chèvre et je dois t'oublier.

Tout à l'heure j'aurai mal au dos, des gens viendront. Mais c'est départ. Je recueille le très peu du temps de partir. Spirale, vent, et désormais clapotis du Tage et péniche. Plus tard, il faudra fermer la fenêtre. Je regarde encore un peu le dehors reculer.

C'était sera la mer là-bas
l'estuaire

Tout sera fini dans une heure. Il fera nuit. Pourtant le fleuve ouvre au tourment l'apaisement d'être si peu dans son lit bien trop grand.

Des taureaux noirs courent sur le champ, le bout du souffle. Un blanc.

Quelle importance à la fin de dire je car c'est si peu vraiment.

6

tout près de l'eau du port et ravaudages
du vent
le corps de la jeune fille attend
très débarrassé
cônes gris graviers ciment
sur la péniche noire
sous les énormes mouettes
elle voit
l'homme
ce qui reste
saudade et le galet roulé
sans cesse l'échappé des murailles
et de pouvoir encore détruire
être
reste

l'égrisée

avec pas loin le sel
et le corps désœuvré de la jeune fille
qui dansa l'autre jour
jusqu'au très bas du pré

Ariane ma sœur n'étiez pas morte ni blessée
laissée au bord d'aimer

serait-ce simple quand bien vouloir
dans la coupure résider ?

elle avance la main c'est danger
tapote des surfaces en recomptant
ses doigts dans la toute vitesse
j'ai cru qu'ils étaient plus au troupeau
la remue fut saccage à l'été
c'était le premier né d'après fuite d'Orphée
après perdre aimer perdre
avant regarder voyager l'ombre
autour de la journée
et beaucoup plus que possible immobile
que personne ne sache
quand je dérive avec l'oblique
et la mouette

c'est au bord que laisse l'amour blesse

puis rien
le vent
et ne plus savoir quand
vous mourûtes laissée
ni si

il n'y a rien à faire
malheur suffit toujours
chercher le nom de faire
danser non plus tout à fait
c'est poème tiens je te présente poème
madame mouette
avec qui rompre le moment qui vient
ciel rasant la colline avec le fil
de la lumière
lumière eut une fille qui bientôt

rendra jour au jour en expirant
mais mémoire non ne pourra l'expirer
l'otage est au secret des corridors
et bronchioles
avec brouillard et l'ombre

la jeune fille n'a pas vu sur le fil invisible
la si fine coupure
s'est rompue
tous le furent chacun le fut
pain
pour les mouettes elles sont si grosses ici
la terre s'est fendue
et le fil se défait de toute la pensée

dans la très grosse bête le chemin d'œil
et rembobinez !

crois-tu qu'il se serait avec elle retrouvé
quand je l'aurai perdu ?

s'affolent tous ces temps sans concorde
pourquoi ma langue ne peut-elle mouiller
porte ni péniche sans condition ?
elle sanglote elle ne sait dire
autrement qu'où la langue se rompt
mais si la langue rompt
comment l'entendra-t-il ?
il croira tourterelle ou sirène
se méfiera ne viendra pas
expirer grognements à l'appeau
du soupir

je l'aurais perdu non
je sais que je l'aurai perdu mais jamais
ne dirai qu'avec elle
il sera retrouvé
elle refuse

il sera perdu s'il avec elle se retrouve

il est perdu
coupé le fil et chausse-trappe
et claque encore l'autre bout du fil
au vent du large ne mollissant après-midi
pas du tout
pour étrangler les premiers nés

Elle Je ne put être

sans perdre l'ombilic où se nouait le fil
et le nom du bout de la langue de terre

elle dit pour votre héritage l'empan de pré dru qui comble
ma main

or vous mourut car tous moururent
où laissée
je regarde les bateaux passer

elle boite c'est obligé
elle a chaussé le chemin de fer
et tire un rail le long du quai
jusqu'au bord de la mer ça y est

elle a passé le bord où nous sommes laissés

par-dessus l'eau s'est avancée ne boite plus
sans la langue terreuse
l'autre jambe
grâce à semelle de vent et talon compensé
d'entre le ciel et l'eau
pourrait se balancer mais non pend

tout s'est arrêté dans c'est l'angle qu'il faut

s'est détachée la robe rouge
elle sèche dessus le fil d'acier
mais les souliers trempés
grosses mouettes emportez !

ça brûle encore un peu
de la hanche au genou
les doigts de ses amants
n'ont jamais su réduire
les fractures conquises

mais c'est bientôt fini

au milieu d'océan
tout au bout du rail
elle tient debout sur une jambe
repliant l'autre jambe inutile
au soutien d'investigation
peut pas plus loin
scalène et puis ronde soudain
dessus la jambe droite
quand le bout de sa langue
et ses lèvres ouvertes
viennent baiser les misères du genou

les bras depuis longtemps ont rejoint la journée

le nombril a roulé il roule
jusqu'au sombre bourdon
qui n'a pu l'avaler
alors s'est envolé
une vague éclabousse le sexe d'infante
ou nombril a glissé
jusqu'à pointe du pied
enjambé rail et l'air
il se retient au vide
un très très long instant
et c'est instant pourtant
scellé sur chute et pire

fut très lent à quitter suspension
de l'estuaire à l'estuaire

elle regarde le trou dans l'eau
qui grandit ses pupilles
s'est échappé le point qui finit la question

elle a le temps désormais

peut-être viendra-t-il le train
faucher la jeune fille
et se jeter dans le Tage
en plein la belle image à pleurer
rouge et l'éblouissement
restera seul alors au centre de la plaine
l'arbre battu des vents la colère
parmi la beauté triste avec carré bleu du poème

non

la chercher peut-être viendra-t-il

ou sera-t-il venu le train l'emporter
fêtu l'éclat
jusqu'à l'attaque noire de la première lettre
à l'autre bout du monde oui
de l'autre côté
où s'est enfoncé par pointe d'interrogation
le caillou qui longtemps s'attarda
près de la blanche attente

où laissée

ce fut danse

ACHEVÉ D'IMPRIMER
EN MARS 2002
PAR L'IMPRIMERIE
DE LA MANUTENTION
A MAYENNE
FRANCE

Dépôt légal : 1er trimestre 2002